I0089007

COMME L'ESPRIT

VIENT AUX FILLES

PAR

RABAN

—

TOME Ier

—

PARIS

Publié par VIALAT et Cie.

P.-H. KRABBE, LIBRAIRE-ÉDITEUR

12, RUE DE SAVOIE

—

1840

COMME L'ESPRIT
VIENT AUX FILLES

PAR

RABAN

—

TOME PREMIER

—

PARIS

PUBLIÉ PAR VIALAT ET Cⁱᵉ,

P-H. KRABBE, LIBRAIRE-ÉDITEUR

12, RUE DE SAVOIE

—

1849

COMME L'ESPRIT

VIENT AUX FILLES

CHAPITRE PREMIER

Éducation de Françoise. — Effet des participes.

A dix-huit lieues de Paris, au pied d'une colline et sur les rives de l'Epte, s'élève une petite ville charmante que l'on nomme Gisors. Là rien ne ressemble à la capitale : les maris sont aimables, les femmes sont fidèles, les jeunes gens ne font point de dettes, et les filles sont d'une sagesse à toute épreuve. Il est vrai qu'après quelques heures de séjour dans ce joli pays, on peut savoir que M. V*** trouve adorable la fem-

me de son voisin ; que le receveur de l'en-
registrement fait de longues promenades
avec la fille du maître de poste , et que la
chaste moitié de l'adjoint est au mieux avec
le premier marguillier ; on peut savoir toutes ces choses et bien d'autres encore ; mais
il n'en est pas moins constant que les ha-
bitants de Gisors ont du reste de bien belles
mœurs.

Quoi qu'il en soit, il y avait dans cette
petite ville une bonne femme.... Cela n'est
pas extraordinaire, nous le savons, mais
nous n'avons pas la prétention de vous faire
croire des choses incroyables. Nous disions
donc qu'il y avait à Gisors une bonne
femme qui s'appelait la mère Montant, laquelle mère Montant avait une fille assez
jolie qu'on appelait Françoise. Mademoiselle
Montant qui comptait à peine dix-huit prin-
temps, avait reçu ce qu'on appelle à Gisors
une éducation soignée, c'est-à-dire qu'elle
lisait couramment dans le Psautier , et

qu'elle écrivait son nom assez proprement. C'était beaucoup, et cependant Françoise n'en devait pas rester là.

La mère Montant avait pour voisin un savant grammairien, nommé M. Gribois. Ce personnage n'était plus de la première jeunesse, mais que fait à l'amour la différence des âges ?

> Amour ! dieu des folies,
> A ton char triomphant,
> Du même trait tu lies
> Le vieillard et l'enfant.

Et cela est si vrai que M. Gribois qui avait passé sa vie à conjuguer, déclinait sensiblement, lorsqu'il s'avisa de penser que mademoiselle Françoise était charmante ; il se persuade même que la société d'une jeune fille valait bien celle des bouquins poudreux qu'il compulsait chaque jour.

Et il offrit à la belle Françoise de *lui montrer sa langue ;* la jeune fille, jalouse

d'ajouter à toutes les qualités qu'elle pos-
sédait déjà, celle de belle parleuse, accepta
avec reconnaissance.

En peu de temps l'élève fit des progrès
rapides : elle comprenait avec une facilité
extraordinaire, excepté pourtant les participes auxquels elle n'entendait rien du
tout. En vain M. Gribois lui répétait-il à
chaque leçon que le participe passé se for-
mait du participe présent en changeant *ant*
en *é, ée.*

—Par exemple, disait le maître, *jetant*
fait *jeté, jetée,* de même que *montant*
fait *monté, montée.*

— Comment, Monsieur, mon nom est
un participe présent ?

— Oui, ma belle enfant, et nous en ferons un participe passé quand vous voudrez ; je puis même vous assurer qu'alors
vous concevrez facilement, et j'en serai
d'autant plus satisfait que cela me permet-
tra d'appliquer les mathémathiques à l'é-

tude de la grammaire : c'est une idée tout-à-fait neuve qui m'est venue en vous instruisant, et qui, je l'espère, me fera beaucoup d'honneur.

— En vérité, monsieur Gribois, ce que vous me dites là me fait un grand plaisir; c'est bien dommage que je ne puisse vous comprendre ; je vous assure que je suis très disposée à faire tout ce que vous voudrez, et puisque cela donne de l'esprit aux filles, nous ferons des *matrimathiques* tous les jours, plutôt deux fois qu'une.

M. le grammairien était si charmé de la docilité de sa jolie écolière qu'il suait chaque jour sang et eau pour se maintenir au participe présent ; de son côté mademoiselle Montant jouait le rôle du participe passé avec tant de plaisir, qu'elle eût désiré ne faire jamais autre chose. Cependant le goût toujours croissant de mademoiselle Françoise pour la nouvelle méthode, lui faisait faire de si fréquentes visites au savant grammairien,

1*

que celui-ci commença à trouver le zèle de son élève trop ardent. Cet amour de l'étude alarmait aussi un peu madame Montant qui de temps en temps se permettait de hasarder quelques reproches.

Tant va la cruche à l'eau qu'à la fin elle se casse,... Figaro dit *qu'elle s'emplit.* Nous ne déciderons pas lequel a raison de Figaro ou du proverbe ; ce qu'il y a de certain, c'est que la taille de mademoiselle Françoise devint bientôt si rondelette, que l'œil le moins exercé se fût aisément aperçu de cet embonpoint tant soit peu équivoque. Ce fut alors que la mère Montant ouvrit les yeux, et reconnut la cause de l'amour de Françoise pour la grammaire.

— Ah ! ma fille, s'écria-t-elle, tu es perdue, déshonorée !...

— Ma foi, ma mère, ce n'est pas ma faute, je ne pouvais pas deviner que les participes fussent si traîtres ; au surplus

c'est une espèce de malheur, il n'y faut plus
penser.

— Comment, malheureuse! n'y plus
penser!... un enfant qui n'aura pas de
nom.

— Qu'appelez-vous, pas de nom!
M. Gribois vous dira quand vous voudrez
que Montant est un nom très propre, et
que c'est de plus un participe présent qui
en vaut bien un autre.

Françoise risqua deux ou trois autres
arguments de la même force : mais la
mère Montant ne rabattit rien de ses do-
doléances, et elle continua de déplorer la
perte qu'avait faite sa très honorée fille.

— Écoute, Françoise, lui dit-elle, il
n'y a qu'un moyen de réparer le mal.

— Mais, ma mère, il n'y a point de
mal.

— Au contraire, mon enfant, il y en a
un grand, un très grand même, et comme

je te le disais, il n'y a que le mariage qui puisse y remédier.

— Et si M. Gribois ne veut pas se marier ?

— Alors, ma fille, nous irons consulter M. le maire ; c'est un habile homme, il nous dira ce qu'il faut faire pour forcer le séducteur à reconnaître son fruit.

Françoise l'avait prévu ; le mariage n'était pas la marote de M. Grivois. En vain la belle enfant lui rappela tout le charme du *passé*, le savant grammairien soutint qu'il n'était pour rien dans le *futur*. Cela est abominable, nous le savons ; mais chacun a son goût ; et M. Grisbois penchait pour la polygamie, qui, soit dit en passant, ne laisse pas d'avoir son beau côté. Le susdit maire, malgré son habileté reconnue, ne put trouver le moyen de faire marier un individu à son corps défendant, et la mère Montant poursuivit ses lamentations.

— Ah ! ma pauvre fille, s'écriait-elle,

que tu es à plaindre... menacée d'un enfant naturel.

— Parbleu! ma mère, j'espère bien ne
pas faire un phénomène, et puis entre
nous, je vous l'avouerai franchement, je
ne regrette pas ne point devenir la femme
de M. Gribois : je sais maintenant autant
de grammaire que lui; je connais toutes
les malices des participes, et je donnerais
dix leçons contre lui une.

— A la bonne heure, mon enfant,
mais tout cela ne te fait pas un sort; ton
honneur n'en est pas moins accroché, et
c'est une grande perte pour une demoi-
selle qui a des sentiments. Je ne m'attendais pas à cela de ta part, Françoise, toi
qui sais lire et écrire comme un fourrier...
Une fille qui m'a coûté tant d'argent pour
son éducation!...

Écoute, mon enfant, il est un sûr moyen
de faire ton chemin; va à Paris; ma fille ;
je me charge d'élever le petit. Paris offre

bien des ressources à une jeunesse ; ta cousine Victoire, qui est cuisinière, t'aidera à te placer; et ta tante Marguerite, qui est depuis vingt ans dans la même maison, ne manquera pas de te trouver une bonne condition. Tu as de l'esprit et des talents, ma Françoise, et puis, malgré l'accident arrivé à l'égard de ton honneur, tu peux, du reste, te flatter d'être une bonne fille ; t'as fait une faiblesse, c'est vrai ; mais en quittant le pays, ni vu ni connu : dans quelques années tu te fixeras par un bon mariage, et il n'y paraîtra pas plus que dessus ma main.

A mesure qu'elle parlait, la mère Montant s'échauffait sensiblement ; et bientôt son éloquence devint si entraînante que Françoise ne put y résister.

— Je partirai, s'écria-t-elle, dès qu'il me sera possible d'entreprendre ce voyage, c'est-à-dire dans deux mois, car, s'il m'en souvient bien, il n'y en a encore que sept que j'ai pris les premières leçons de participes. Les hommes sont des trompeurs, des hypocrites, des mauvais cœurs qui vous plantent là quand il vous ont mis dans l'embarras; mais il ne sont pas si malins qu'on ne puisse leur rendre la monnaie de leur pièce. Malheur à ceux qui me tomberont sous la main ! Le premier qui s'avance, je lui rive son clou de la bonne manière!..

CHAPITRE II

Un protecteur en perspective.

Deux mois s'écoulèrent, et l'impression qu'avait produite sur mademoiselle Françoise l'excellente méthode de M. Gribois, cette impression, disons-nous, ayant tout à fait disparu, la mère Montant rappela à sa fille la promesse qu'elle avait faite de partir pour la grande ville. Cette précaution de la bonne femme était, il est vrai, à peu près inutile; car mademoiselle Françoise se sentait beaucoup de dispositions

pour les voyages, depuis qu'elle avait cessé
d'étudier. La mère Montant avait arrêté
elle-même une place à la diligence, et les
malles étaient disposées, c'est-à-dire qu'une
petite boîte et deux cartons contenaient tout
le butin de mademoiselle Françoise ; mais
si notre héroïne était légère au physique,
elle était bien pourvue au moral.

— Ma fille, lui dit encore la vieille,
quelques instants auparavant la séparation :
pierre qui roule n'amasse pas mousse,
c'est une grande vérité. Aussi je me serais
bien gardée de te faire prendre la diligence,
sans ce malheur qui t'est arrivé ; mais
puisque ce monstre de Gribois a eu la
noirceur de te planter là, de deux maux il
faut éviter le pire ; c'est-à-dire qu'il vaut
mieux se marier avec quelque chose de
moins, que de rester pour la façon de sa
mère. D'ailleurs comme dit c't autre : *il y
a plus de buveurs que de connaisseurs,*
et avec une fille qui a de l'esprit, le plus

malin n'y voit que du feu. Je ne te re-
commanderai pas de repousser les enjô-
leurs qui ne manqueront pas de se présen-
ter ; car comme on dit : *chat échaudé
craint l'eau froide.* Avec tes beaux yeux
tu trouveras bien des chalants à Paris qui
t'en conteront long ; mais heureusement
tu sais ce *qu'en vaut l'aune.*

Tout ce que je t'en dis, mon enfant,
c'est pour ton bien : tu n'es pas la première
fille qui ait fait un faux pas, et je te par-
donne bien sicèrement ; mais je te préviens
qu'à la seconde fois ça se gâterait. Cependant, je sais bien qu'il y a des occasions
où, comme on dit : *il faut hurler avec les
loups* ; par exemple, on dit que depuis
que ta tante Marguerite est au service d'un
homme seul, elle est parée comme une
châsse, et joliment nipée, et sans vouloir
dire du mal de personne, il est bien per-
mis de penser qu'elle ne gagne pas tout
ça à faire la cuisine. Ce n'est pas que je

la blâme, ben au contraire; il faut songer à se faire un sort, et avec des écus, on se moque du qu'en dira-t-on. Si son Monsieur aime à jouer, il est tout naturel qu'elle le fasse mettre au jeu, c'est le fait d'une brave fille qui pense à faire un sort aux siens, et moi je n'en veux qu'à celles qui font l'amour comme les corneilles abattent les noix... je ne t'en dis pas davantage; j'entends la diligence qui approche, et Augustin ma promis de t'appeler en passant.

— Eh! mère Montant, ouvrez l'œil!

— Tout à l'heure, monsieur Augustin, ma fille finit de s'habiller, et tenez, en vous attendant, je lui faisais un petit sermon touchant l'honnêteté d'une fille qui va chercher fortune à Paris.

— Oh! pardié, all' n'en manquera pas d'sermons à Paris. Allons, si vous voulez voyager, haut l' pied, Perrette, j' vous place sur l' derrière pour une poste, et après ça sur l' devant à côté d' moi, ousque vous s'rez comme un ange jusqu'à Pontoise.

En parlant ainsi, le conducteur prit mademoiselle Françoise dans ses bras, la plaça dans le cabriolet de derrière, et reprenant lui-même sa place il donna le signal du départ.

A la droite de Françoise était un gros marchand de beurre qui revenait du marché de Gournay, et à gauche un rentier du Marais qui venait de recueillir une petite succession dans le Vexin normand. C'était la première fois que le bonhomme faisait un aussi long voyage, et on le devinait facilement aux exclamations que lui arrachaient les moindres objets; cependant le voisinage de Françoise donna bientôt quelque relâche à son admiration pour la *belle nature*. Peu à peu, M. Paquet cessa de s'extasier à la vue des pommiers qui bordaient la route, des corbeaux qui croassaient au milieu de la plaine, et

des rustres qui conduisaient leur charrue
en chantant l'admirable complainte d'Henriette et Damon, il cessa même tout à fait
d'interroger son gros compagnon de voyage
sur les mœurs et le langage du pays qu'ils
traversaient. Le beurrier, débarrassé de
la conversation de M. Paquet, se mit à
ronfler à poings fermés, et le bon rentier
que la présence d'un tiers n'intimidait
plus, adressa la parole à mademoiselle
Montant dont les beaux yeux lui causaient
tant de distraction depuis une demi-
heure.

— Comment, Mademoiselle, osez-vous
vous exposer à voyager seule, à votre âge
et sans papiers, peut-être?

— Vous êtes bien honnête, Monsieur,
mais d'abord je ne suis pas seule puisque
nous sommes trois sur le derrière, et d'ailleurs ma mère m'a recommandée au conducteur, M. Augustin, qu'est un bon vivant et qui ne souffrirait pas qu'une jeune

fille fût *interloquée* dans ses équipages par quelques malintentionnés.

— Votre mère a bien fait, ma belle enfant; mais j'espère que vous n'aurez pas besoin de l'assistance de M. Augustin; car tel que vous le voyez, M. Paquet se flatte d'être un cavalier respectable; je vous déclare que dès à présent je vous prends sous ma protection; et si vous avez de la reconnaissance, vous n'y perdrez pas.

— Oh! Monsieur, ça n'est pas ce qui m'inquiète, car je n'ai rien à perdre, et ça n'est pas pour ça que je vais à Paris, c'est tout au contraire pour me placer dans une bonne maison, où je puisse gagner quelques petites choses.

— Ah! ah! ah! elle est bonne là la belle enfant, elle n'a rien à perdre! ah! fripponne, je donnerais bien quelque chose pour trouver ce que vous perdrez bientôt. Tenez, ma chère amie; je m'appelle Eustache Paquet, ci-devant marchand de draps, rue aux Ours, et maintenant rentier, rue Saint-Louis, au Marais : tel que vous me voyez, je ne suis pas un ladre.....

Françoise baissa les yeux, fit semblant de rougir, et le rentier reprit :

— Nous allons déjeuner à Pontoise comme une paire d'amis, n'est-ce pas? A trois heures nous serons à Paris, et puisque vous y allez pour chercher une place, je vous en ferai trouver une agréable et lucrative... Vous ne répondez pas, la belle enfant? Bon! qui ne dit mot consent; c'est une affaire arrangée.

On déjeuna gaiement, en effet; mais au dessert, la voix du conducteur vint tout à coup interrompre la conversation des deux convives qui commençait à devenir très intéressante; il fallut remonter en voiture. M. Paquet chercha un dédommagement et il renoua l'entetien ; Françoise parlait peu, mais elle ne disait jamais non.

Enfin, on arriva à Paris; le tendre rentier est rayonnant ; mais à peine a-t-il mis pied à terre dans la cour des Messageries, qu'il se trouva face à face avec madame Paquet, son épouse bien aimée, qu'il eût, en ce moment donné de grand cœur à tous les diables. François comprit tout de suite la situation ; mais en fille résolue, elle prend promptement son parti, et munie de son bagage elle se fait conduire rue Montmartre, dans la maison où sa cousine Victoire occupe une place de cuisinière.

— Bonjour, ma cousine !

—Tiens ! c'est toi, Françoise ; quéqu' tu viens donc faire à Paris, mon enfant ?

— Dame ! je viens pour y faire un peu de tout dans une bonne maison..... comme toi, par exemple.

— Ah ! quand j' dis comme moi !...... Songe donc qu'il y aura bentôt deux ans à la Saint-Martin que j'suis à Paris, ousque je me suis joliment mise au fait.

— Eh bien ! est-ce que je ne m'y mettrai pas, moi, au fait ?

— Faut pas croire que c'est si facile ! avec ça que les maîtr's sont si exigeants à présent!... Si j'avais pas eu l'avantage de connaître madame Taupin, qu'est z'un corbon bleu solide, p't-êt' ben que je purgerais encore la vaisselle ; mais, Dieu merci, à présent j' sais ma cuisinière bourgeoise comme mon *Pater*... Aussi, mon enfant, faut pas croire que j' vais rester dans une cassine comme ça, ousqu'on n' donne pas à dîner deux fois dans l' mois ! Gn'y a rien comme ces petites maisons pour vous gâter la main ; j' suis sûre que si j' restais seulement six semaines de plus ici, je n' saurais plus seulement faire une crême à la *frangipale*, ou un *bistek* aux anchois. Avec ça qu'c'est Madame qui fait la halle les trois quarts du temps... heureusement que j'ai quéqu' chose en vue... Ah ! si Monsieur n'était pas si bon, il y aurait longtemps ! mais c'est un si bon homme, que M. Duponceau !.. Oh ! oui, y peut s'flatter d'être un bon homme, celui-là !... c' que j' t'en dis, mon enfant, c'est pas que j' te prends pour une novice, au moins... j' sais ben qu' t'as d' l'esprit, comment ça t'est-il venu ? et qu' t'as z'étudié la *grand mère* à fond ; mais comme j' te l' disais, ces maîtres sont si ridicules, avec leux deux cents francs, ils croient qu'ils trouveront z'un *finix*.... c'est égal, j' te rencontrerai une place ; justement madame Taupin doit v'nir me voir aujourd'hui, attendu qu' par extraordinaire j'ai du monde à dîner, et que ces maîtres sont à la compagne pour le moment ; c'est une brave femme que la mère Taupin, c'est elle qui t'en apprendra, all' te trouvera ton affaire tout d' suite.

— Dis donc, sais-tu l'adresse de ma tante Marguerite ?

— Mon Dieu, non ! j'ai jamais pu la déterrer... j'ai seulement entendu dire qu'all' était ben heureuse, à présent qu'all' a épousé son maître cheux qui qu'all' a resté si longtemps... J' crois qu'on frappe, attends qu' j'aille ouvrir... Quiens!... C'est l'boulanger, M. Benoist....., Ah! c'est qu' c'est un farceur celui-là! un bon enfant, tout d' même, qui vient m'voir de temps en temps pour le bon motif..... Bonjour, monsieur Benoist.

— Bonjour, mam'selle Victoire!

— Comme vous v'nez tard, aujourd'hui.

— Ah! dame! c'est que *l' ginde* était z'un peu casquette, c' qui fait qu' ça n'a pas été tout droit, avec ça qu' la bourgeoise avait mis son bonnet de travers...

—Quiens! c'est comme Madame, quand elle a fait quéque mauvais rêve... Je n'vous offre pas un bouillon, car j'ai pas encore écumé mon pot...

— Ah! ça, c'est vot' faute! Si vous l' mettiez pus matin, ça n'arriverait pas.

— Qu'il est donc drôle!... Est-ce qu'il

a pas fallu qu' j'aille à la Halle... et j' dis qui y a une fière trotte !... C'est qu' voyez-vous, j'ai du monde aujourd'hui... Voulez-vous boire un verre de vin ?

— C'est pas de refus ; ça n' pourra pas nuire à l'individu.

— Attendez, j'en ai toujours là au frais derrière la fontaine.

Ici Victoire atteignit une bouteille, et se mit à verser à son protégé.

— Buvez vite, tandis que j' vas r'garder.

— C'est vrai ; vous avez raison ; ces maîtres sont si ridicules !... à vot' santé !... Ah çà ! à c't heure ? donnez-moi la taille.

— La voilà,

— Je dis la taille, la taille ?

— Eh ben ! est-ce que c'est pas elle que j' vous donne ?

— Quand je dis la taille, la voilà la taille ! Et en parlant ainsi M. Benoist prenait, dans ses dix doigts, la taille gracieuse, de Victoire.

— Ah! je vois!.... c'est un caram-
bourg!...

— Et un fameux!

— Mon Dieu! j' crois qu' j'entends Madame..... Dites donc, vous viendrez ce
soir... ils vont au spectacle... nous rirons,
nous ferons des farces, hein!

— Oui, et des crêpes avec.

En achevant ces mots, Benoist mit son
panier sur ses épaules, et s'approchant de
Victoire, il déposa un gros baiser sur la
joue de la cuisinière. Au même instant la
porte s'ouvrit, et madame Duponceau leur
apparut.

— Fort bien!.. fort bien!.. fi donc,
l'horreur!.. je me doutais bien que vous
étiez une péronnelle...

— Mon Dieu! dirait-on pas qu'y a
grand mal à ça... c'est M. Benoist qui fait
ses farces; c'est pas ma faute si c'est un
farceur... c'est comme qui dirait quand
l' sous-chef de Monsieur vous...

— Taisez-vous, insolente ! raisonneuse ! soyez un peu à votre dîner. Quelle est donc cette jeune fille ?

— Madame, c'est ma cousine ; all' est arrivée à Paris d'aujourd'hui, et all' cherche une condition.

— Eh bien ! mon enfant, je vais vous placer tout de suite ! Justement, M. Vernon, le receveur de rentes qui demeure sur notre carré, a besoin d'une bonne pour tout faire, Victoire, vous pouvez y conduire votre cousine de ma part.

— Grand merci, Madame.

— Il n'y a pas de quoi, mon enfant ; et vous, Victoire, j'espère que vous saurez dorénavant retenir votre langue.

Il était facile de voir que le mot qu'avait lâché Victoire relativement au sous-chef, avait produit beaucoup d'effet sur madame Duponceau, qui sortit de la cuisine en lançant à sa bonne un coup d'œil très significatif.

— Écoute, Françoise, dit la cuisinière à sa cousine lorsqu'elles furent seules, attends un instant, l' bouillon est bientôt prêt, nous en prendrons chacun un ; après ça, j' t'irai conduire chez M. Vernon.

— Mais, ma cousine, deux bouillons, ça fera une fière brèche !

Qu'all' est donc simple ! faudrait-y pas se laisser tomber *d'imanition* pour les beaux yeux des maîtres ? et pourquoi donc qu'est faite la fontaine ?

En parlant ainsi, Victoire préparait les bouillons ; et, quelques instants après, les deux cousines se disposèrent à se rendre chez M. Vernon, maître futur de la nouvelle débarquée.

CHAPITRE III

Dame Taupin. — Mademoiselle, voulez-vous danser ?
Un sapeur.

Les deux cousinẽs ouvraient la porte de la cuisine, lorsque madame Taupin, les yeux rouges et la tristesse empreinte sur le visage, entra brusquement.

— Tiens ! quéqu' vous avez donc? mère Taupin ; on dirait à vous voir qu' vous avez perdu l'un de vos proches. Est-ce que vot' sapeur vous a encore fait quéques traits ?

— Ah ! n' m'en parles pas, mon enfant,

un accident comme on n'en voit guère, un
malheur comme on n'en voit pas ! ces choses-là sont faites pour moi !...

— Attendez-moi un instant ; j' vas pré-
senter ma cousine chez M. Vernon, qui
demeure sur le carré, et vous m' conterez
ça après... Y paraît qu' c'est une histoire
conséquente !

— Ah ! j'en réponds qu'all' l'est...

A ces mots Victoire sortit, en se pro-
mettant de revenir bientôt peur entendre un
bout de l'histoire de dame Taupin, histoire
dont nous allons toucher deux mots.

C'était une excellente femme que madame Taupin ; âgée de quarante-cinq ans,
elle en avait passé trente au service ; placée d'abord chez un chanoine, puis chez un
gros financier, puis chez un comédien en
faveur, etc., etc., elle avait acquis de bien
belles connaissances... en cuisine ; enfin
c'était un cordon bleu, c'est tout dire.

Cependant dame Taupin avait son côté

faible... qui ne l'a pas?.. elle aimait à faire
des passions! bien des femmes ont ce goût-
là. A seize ans, elle fit battre deux tambours des gardes-françaises; à dix-huit, le
valet de chambre d'un grand seigneur lui
fit des propositions brillantes pour damer le
pion au cocher d'une éminence pour qui la
belle se sentait du penchant. Enfin, à vingt
ans, elle unit son sort à M. Taupin, chef
de cuisine chez un fermier général. Mais
après quelques mois de ménage, M. Taupin suivit son maître qui émigra; depuis
ce temps, le cordon bleu, qui n'avait plus
entendu parler de son époux, s'était con-
sidéré comme veuf, et les amours avaient
profité de la circonstance.

C'est une chose reconnue que la vue
d'un uniforme fait palpiter le cœur des
belles, et s'il fallait ajouter une preuve de
ce fait à toutes celles qui existent, nous ci-
terions notre héroïne, qui depuis la dispa-

rition de son époux, n'accorda quelques faveurs qu'à des enfants de Bellone.

A quarante ans, une femme n'est plus de la première jeunesse ; mais lorsqu'elle a été jolie, il lui reste ordinairement quelques débris de sa beauté, et elle joint à cela une constance que l'on doit peut-être à la crainte de ne plus trouver d'adorateurs ; mais enfin cette constance a son prix.

A quarante ans, madame Taupin se trouva tout à coup sans place et sans amant. Cuel vide pour un cœur sensible et qui chérit son art !..

Triste et rêveuse, madame Taupin se dirige un beau dimanche vers la barrière de Vaugirard, berceau de ses premières inclinations. Déjà elle a traversé l'esplanade des Invalides ; des escouades entières de hussards, de dragons, de grenadiers passent auprès d'elle ; oh ! douleur !.. pas un mot, pas un geste, pas un regard !

Ces superbes guerriers qu'on voyait autrefois,
Pleins d'une ardeur si noble, accourir à sa voix,
Maintenant les objets de sa triste pensée,
Passent sans regarder cette belle affligée.

Voyez pourtant comme les hommes sont ingrats ! se disait madame Taupin ; que de larmes ils m'ont fait verser ! que de bouillons je leur ai fait avaler ! combien de soupirs, de cuisses de volaille, d'inquiétude et de petits pâtés !.. Ah ! les trompeurs ! sont-ils traîtres !.. après tout ce que j'ai fait pour eux... Dieu ! en ai-je fait !.. mettez-vous donc en quatre pour les contenter !..

Ici, quelques larmes s'échappent des yeux de madame Taupin ; mais bientôt elle s'aperçoit qu'elle est arrivée à Vaugirard ; alors elle essuie sa paupière, rajuste son bonnet, s'assure que son fichu est droit, et entre dans une des guinguettes les plus considérées de l'endroit.

L'orchestre prélude, le marchand de cachets crie : *en place!* et les cavaliers cherchent partout des danseuses ; car il n'y en a pas beaucoup, attendu l'heure peu avancée. Cependant la petite flûte a donné son *la* pour la sixième fois ; on se croit d'accord, et l'on attaque la note tous ensemble, excepté pourtant la clarinette, qui se trouve en retard d'une demi-mesure, et qui fait des *canards* en voulant rattraper les autres. Tout le monde est en place, à l'exception d'un sapeur de la garde, qui n'a pas encore trouvé de partenaire.

— La chaîne anglaise ! s'écrie le chef d'orchestre. Allons donc, monsieur Joufflard, vous ne battez pas la mesure.

— Ma foi, ça n'est pas ma faute, répond le joueur de clarinette, vous criez si fort qu'on ne s'entend pas... le trombone fait un bruit d'enfer, et le cor va un train de chasse.

— Eh bien! graissez votre instrument. Balancez vos dames!..

— Un instant, les amis, s'écrie Belle-pointe, c'est le nom du sapeur dont nous venons de parler, un instant! n'allons pas plus vite que l' violon.

En parlant ainsi, le sapeur présente la main à madame Taupin, qui accepte sans balancer, et il la mène au pas de charge vers le quadrille, en répétant : Mademoiselle, voulez-vous danser?

LE CHEF D'ORCHESTRE.

En avant deux!..

M. JOUFFLARD.

Babet! apporte-moi la burette.

BELLE-POINTE.

A ton tour, Lagrenade! au galop, par quatre... prends garde à tes éperons!

LE CHEF D'ORCHESTRE.

La queue du chat!,.
Ferme sur la chanterelle!

Passez-moi la *corophane*..... Allons donc, Messieurs, d' l'ensemble !

M. JOUFFLARD.

Faut que j' change mon bec.

LE CHEF D'ORCHESTRE.

Cavalier seul !.. En avant les dames !... *crac !..* mauvaise drogue !..... trois fois qu'elle pette ; et il vend ça pour des cordes de Naples !..

Ici le chef d'orchestre change sa chanterelle, tandis que M. Joufflard passe de l'huile à quinquet dans son instrument, et que la petite flûte cherche son cor de *fa* ; mais afin qu'on ne s'aperçoive pas de ce contre-temps, le cor et le trombone redoublent de vigueur, et la grosse caisse fait autant de bruit qu'une batterie de trente-six.

— Ah ! la bonne musique ! la bonne musique ! s'écrie madame Taupin, que le plaisir transporte.

Et en parlant ainsi, elle risque un *avant-*

daux avec Lagrenade ; mais voilà qu'en traversant, les éperons du cavalier s'embarrassent dans la robe de la danseuse, et comme dans ce moment elle s'enlève pour faire un entre-chat, elle perd l'équilibre et tombe sur le nez, en laissant une partie du derrière de sa robe accrochée à la botte de Lagrenade. Belle-pointe accourt pour secourir sa danseuse ; mais au même instant le chef d'orchestre s'écrie : Chassez huit ! Ici chacun va de droite à gauche ; et comme il manque un couple, on se brouille, on se heurte ; les pieds de Lagrenade se mêlent dans les jambes de Belle-pointe, et les deux champions roulent sur la poussière à côté de madame Taupin.

Cependant la contredanse est achevée, et au bruit discordant des instruments succèdent les cris de notre héroïne et les exclamations énergiques des deux soldats. Enfin madame Taupin se relève tout éplorée, et elle s'empresse de rajuster avec des épingles le derrière de sa robe lorsque tout à coup l'explication qui a lieu entre Lagrenade et Belle-Pointe vient la distraire de cette grave occupation.

— Ça n' se passera pas comme ça, disait le sapeur, parce que t'as une jeunesse, n' faut pas croire que je te laisserai écorner ma danseuse à ma barbe.

— Tiens! c' sapeur de malheur, croit-t'y pas qui m' fait peur!

— Faut pas s' mettre en chemise pour ça ; causons!

— Prends garde que Lagrenade ne t'en fasse manger deux pouces !

— Nous allons voir ça, malin !

A ces mots Lagrenade et Belle-pointe sortent de la guinguette et se dirigent vers la plaine, tandis que madame Taupin les suit les larmes aux yeux, en s'écriant :

— Ah! mon Dieu! ils vont se fendre pour moi!.. y va arriver quéque malheur !

Et cependant madame Taupin ne peut s'empêcher de ressentir une secrète joie de ce qui arrive; cela lui rappelle les beaux jours de sa jeunesse :

C'est toujours quelque chose
Qu'un joli souvenir...

On arrive sur le terrain, on se met en garde, et madame Taupin, les mains élevées vers le ciel, fait des vœux pour Bellepointe; mais ses vœux ne sont point exaucés, et à la troisième botte, le sapeur reçoit un coup de manchette qui le met hors de combat. Alors les deux champions s'embrassent, Lagrenade panse la blessure avec un morceau de sa chemise, madame Taupin offre son fichu pour faire une écharpe, et comme on n'est jamais si bons amis que lorsqu'on a tenté de se couper la gorge, on retourne à la guinguette, afin de cimenter la paix par quelques litres à douze. Bellepointe, blessé au bras droit, présente la gauche à madame Taupin, à laquelle cet

événement rappelle les tambours des gardes-françaises et quelques autres encore ;
car, ainsi que nous l'avons dit, madame
Taupin avait fait plus d'une passion parmi
les enfants de Mars. On boit, on mange,
on raconte ses campagnes, ses amours, et
de temps en temps le sapeur pince le ge-
nou de sa danseuse, qui bénit son heureuse
étoile de l'avoir conduite à Vaugirard.

Cependant l'heure de l'appel approche,
la retraite va bientôt sonner ; madame Taupin glisse une pièce de cinq francs dans la
main gauche du sapeur, qui paie l'écot, et
qui, enchanté des manières de sa nouvelle
connaissance, se promet bien de n'en pas
rester là avec elle.

A cinquante pas de la guinguette, il ha-
sarde une déclaration.

— Mademoiselle ou Madame, je ne
m'attendais certainement pas à l'honneur
de votre connaissance ; cependant tant
s'en faut... au contraire, c'est-à-dire...

pour ce qui est des sentiments de mon cœur... vous sentez bien que je ne peux pas manquer que d'être votre très humble et obéissant serviteur. Maintenant y n' me manque plus que de savoir votre adresse.

— Vous êtes bien honnête, Monsieur. Telle que vous me voyez, je suis veuve il y a déjà longtemps ; je me nomme madame Taupin, et je demeure rue de la Huchette au Cadran-Bleu.

— En ce cas, Madame, si vous voulez bien me le permettre, j'aurai celui de vous aller voir... d'ailleurs, il faut que j' vous rapporte ce fichu que vous m'avez prêté.

— N' parlez donc pas d' ça, monsieur Belle-pointe.

Par ce dernier trait, madame Taupin s'assura la conquête du sapeur, qui ne la quitta qu'après lui avoir glissé ces deux mots : *amour et constance !*

Un malheur ne vient jamais sans être accompagné de plusieurs autres ; il en est de même pour les événements heureux : le lendemain de cette journée remarquable, madame Taupin entra au service d'un ancien capitaine de vaisseau, devenu gastronome par désœuvrement, et amoureux par distraction.

— Triple sabord ! dit le marin, je n'aime pas à louvoyer ; je ne file plus sept nœuds à l'heure, il est vrai ; mais je fais encore mon quart sans broncher ; ainsi donc, mille gargousses ! j'espère, la belle, que vous amènerez sans me forcer à l'abordage.

A ce discours, auquel elle n'entendit rien, dame Taupin ne put répondre que par ces mots :

— Monsieur est bien bon... J'espère que Monsieur sera content de mon service.

— A la bonne heure, nom d'une caronnade ! car s'il en est autrement, je coule la vieille frégate et je monte une corvette, au risque de jeter l'ancre de miséricorde.

— Oh ! pour ce qui est des *frigasses,*

Monsieur peut être tranquille ; je lui en accommoderai à toutes les sauces, et si Monsieur aime les *crevettes*...

— Que le diable emporte la bestiale !.. Allons, la vieille, virez de bord et soignez la manœuvre.

— Comme c'est mal éduqué, ces marins, disait entre ses dents madame Taupin, tout en tirant son jus et passant ses tomates. Parlez-moi d'un militaire !... M. Belle-pointe, par exemple !.. comme il est poli, pour un sapeur !.. Et puis c'est un bel homme que M. Belle-pointe..... ça vous a une prestance !... Je me souviendrai toujours du moment où il s'est *fendu à fond*, en tirant l'sabre pour moi. Une... deux... Ah ! l'beau moment !.. rien qu'd'y penser, les larmes m'en viennent aux yeux... Et sa barbe donc... noire comme la cire anglaise ?

Ici madame Taupin se rappela que Bellepointe ignorait le changement survenu

dans sa situation ; elle se promit bien de
lui en faire part aussitôt qu'elle aurait
dressé le troisième service, et voici la lettre
que notre cordon bleu écrivit à ce sujet.

« Monsieur Belle-pointe,

« Je mets la main à la plume pour m'in-
« former de l'état de vot' santé, qui n' laisse
« pas de m' donner ben du tintoin au sujet
« d' l'atout qu' vous avez r'çu à mon égard.
« Voyez pourtant c' que c'est que l' senti-
« ment pour un cœur sensible et honnête !
« y suffit qu' j'ai eu celui d' pincer quéques
« figures avec vous ; pour que d'puis hier
« vot' visage ne m' sorte pas d' la tête !...
« Pour c' qui est d' vot' batterie avec M. La-
« grenade, dieu qué douleur qu' ça m'a
« causé !... J' peux ben vous assurer qu'au
« coup d' manchette, y n' me restait pas la
« valissence d'une goutte de sang dans les
« veines... Mais faut espérer qu' ça s' gué-
« rira promptement, si la fièvre n' s'en mêle

« pas, avec du taffetas d'Angleterre que
« j' vous envoie pour mettre dessus.

« Rien autre chose à vous marquer, si
« ce n'est que j' suis entrée aujourd'hui au
« service de M. Basbord ; c'est un ancien
« homme de mer, ousque vous pourrez
« v'nir me voir, si ça vous fait plaisir ;
« j'aurai toujours d' côté pour vous le
« bouillon d' l'amitié et la tranche du sen-
« timent avec lesquels j'ai l'honneur d'être,

« Votre servante,

« Fᵉ TAUPIN. »

Nom d'une dragonne ! s'écria Belle-
pointe, lorsqu'il fut parvenu à déchiffrer
cette épître sentimentale ; v'là une connaissance comme j'n'en ai pas fait d'puis longtemps ! Parlez-moi d'une commère comme
ça !... ça n' fait pas la p'tite bouche !... Y
paraît qu' les comestibles n' me manqueront
pas. Justement que j'ai une permission de

vingt-quatre heures, c'est une bonne occasion pour aller siffler l' bouillon d' l'amitié
qu'on me propose.... Là-d'sus, pas accé-
léré ! marche !...

A ces mots, Belle-pointe sortit du quartier, et se dirigea vers le nouveau domicile
de sa belle, afin de lui faire une visite dont
les suites semblaient lui promettre des instants délicieux.

CHAPITRE IV

Une patrouille. — La perdrix truffée. — Le witchoura.

Feu basbord!... feu tribord!... toutes les batteries dehors!

Au premier choc, le capitaine qui s'était emparé d'un meuble de nuit, l'avait lancé avec force vers le lit de madame Taupin ; mais la colère l'ayant empêché de diriger le coup, le vase était tombé avec fracas au milieu d'une croisée qu'il avait mise en pièces; au second choc, un plat de perdrix aux truffes avait pris la même direction;

mais au troisième commandement, le capitaine plein de fureur s'était jeté lui-même
sur le lit, et à défaut de canons, il s'était
disposé à faire un terrible usage de ses
poings.

Revenons. Il y avait déjà longtemps que
madame Taupin était au service de M. Basbord, qui en était d'autant plus satisfait que
notre héroïne n'avait pas fait la cruelle ;
cependant, de son côté, Belle-pointe ne
négligeait pas une connaissance aussi suc-
culente que madame Taupin, et cette dernière qui avait pour principe *qu'abondance
de biens ne nuit pas*, avait trouvé le
moyen de concilier son intérêt et son
plaisir.

Le capitaine n'aimait pas l'Opéra, et
cela n'est pas étonnant ; mais il trouvait les
danseuses jolies, et il ne manquait pas une
représentation ; de sorte que Belle-pointe
faisait ses visites à madame Taupin toutes

les fois qu'il n'y avait pas relâche à l'Académie de musique.

Nos lecteurs ont déjà deviné que la scène tragique que nous avons commencé à esquisser, se passait un jour d'Opéra ; mais ce que nos amants n'avaient pu prévoir, c'est que M. Basbord s'était ennuyé ce jour-là plus qu'à l'ordinaire, ce qui fit qu'il sortit avant la fin du spectacle, afin de ne pas rêver tout haut dans sa loge, ce qui lui était déjà arrivé quelquefois.

N'ayant rien de mieux à faire, le capitaine revint chez lui, et comme il fallait qu'il passât la soirée à quelque chose, il monta à la chambre de madame Taupin, dont cette dernière avait négligé de fermer la porte. Quel spectacle s'offre alors aux regards étonnés du marin !... une table éclairée par deux bougies, et chargée de bouteilles, de verres et de différents mets, est placée près du lit, sur lequel les rideaux entr'ouverts laissent apercevoir le sapeur et sa maîtresse, aussi légèrement vêtus que nos premiers parents. Il serait impossible de donner une juste idée de la fureur qui s'empara alors de M. Basbord. Aux exclamations énergiques du capitaine, au bruit des vitres qui volent en éclats, les amants se réveillent, et lorsque l'agresseur s'élance vers le lit, Belle-pointe est déjà en état de le recevoir. Des coups sont donnés et rendus avec une égale vigueur, et la rage dont les deux adversaires sont animés, est telle, que le combat semble ne devoir finir que faute de combattants, tandis que madame Taupin, que la frayeur rend immobile, fait retentir la maison de ses clameurs.

Cependant cette nouvelle Hélène pour laquelle le Pâris à longue barbe soutient une lutte si terrible, cette Hélène, disons-nous, lorsque le premier moment d'effroi est passé, tente de séparer les deux champions. Dans ce moment, un coup de pied lancé par Belle-pointe renverse la table, et

des flots de liqueur éteignent les bougies ;
la plus profonde obscurité enveloppe nos
personnages. Le capitaine forcé de reculer
quelques pas, revient à la charge avec une
nouvelle ardeur ; croyant prendre le sapeur
à bras-le-corps ; il saisit madame Taupin
par les jambes, celle-ci passe sa main dans
la cravate de l'assaillant qui essaie de rom-
pre d'une semelle ; mais un bouchon qui
roule sous son pied lui fait perdre l'équilibre, et tous deux roulent sur le parquet.

Tandis que cette scène se passe, un caporal et quatre hommes se disposent à faire
le siége de la maison ; ces braves faisaient
patrouille, lorsque les éclats des vitres bri-
sées par M. Basbord, attirèrent leur atten-
tion ; le caporal fait faire halte, lève la tête,
et se disposant à crier : Qui vive ! mais à
peine a-t-il articulé la première syllabe
qu'une perdrix truffée lui tombe dans la
bouche et lui coupe la parole.

— Ah ! nom d'un cœur ! dit-il après

quelques instants d'un silence forcé , ma grand'mère avait raison de dire qu'à Paris les allouettes vous tombent toutes rôties dans le bec... c'est égal , il ne faut pas qu'ils croient me gagner avec des friandises , ils auront beau me prendre par les sentiments, le devoir avant tout ! je ne connais que ça.... A droite en bataille !... Croissez la baïonnette !.. Pas de charge !.. Passez devant !

A ce dernier commandement, les soldats s'élancent vers la porte cochère, qui résiste à peine pendant quelques secondes à leur ardeur ; le caporal s'empare du réverbère qu'il trouve sous le vestibule, et dirigée par les cris des combattants, la troupe arrive à la chambre de la cuisinière.

Par suite de la chute qu'il avait faite, le marin était tombé sur le dos, entraînant après lui madame Taupin qui s'était cassé les dents sur les bottes de son maître ; mais celui-ci persuadé qu'il avait affaire au mi-

litaire , n'avait pas lâché prise , tandis que
Belle-pointe , qui n'y voyait goutte , s'es-
crimait contre le traversin qu'il serrait de
toute la force de son poignet, croyant tenir
son adversaire à la gorge.

— Camarades ! s'écrie le capitaine, en
apercevant la patrouille, camarades, pas de
quartier !... Il paraît que c'est un sapeur,
mais il ne m'échappera pas ; je le tiens par
la barbe.

En ce moment le réverbère que portait
le caporal éclaira tout-à-fait le lieu de la
scène , et les soldats quittant leurs armes
mêlèrent les éclats d'un rire inextinguible
aux clameurs des champions.

Cependant le caporal s'occupe à réparer
le désordre, et fait tous ses efforts pour forcer vainqueurs et vaincus à quitter la posi-
tion grotesque où ils se trouvent. M. Basbord lui-même, ne peut s'empêcher de
prendre part à l'hilarité des soldats, en re-
connaissant ce qu'il avait pris, dans la cha-

leur de l'action, pour la barbe du sapeur.
Un homme qui rit est toujours disposé à
pardonner.

— Écoute, nom d'un sabord ! dit le marin au caporal, écoute, camarade, voilà
deux louis pour boire à ma santé, je ne
veux pas que cela aille plus loin....Madame
Taupin est une... suffit... qu'elle aille au
diable avec son galant... quant à moi je
vais me coucher, et je vous engage à en
faire autant si vous n'avez rien de mieux à
faire.

Le caporal, satisfait d'avoir rétabli le bon
ordre, se retira avec sa troupe qui n'oublia
pas les deux louis en question, et les amants
s'étant habillés à la hâte, Belle-pointe re-
tourna au quartier, tandis que madame
Taupin se rendait à son hôtel de la rue de
la Huchette.

Madame Taupin avait fait quelques éco-
nomies au service du capitaine, de sorte
que la perte de sa place n'apporta pas de

refroidissement dans les amours. L'hôtel du Cadran-Bleu devint le séjour favori de Belle-pointe, et la chambre de notre héroïne retentit plus d'une fois des amoureux soupirs de ce couple heureux. Malheureusement rien n'est stable ici-bas ; le fond du sac amena un changement dans la situation des amants ; mais après quelques jours de recherches ; madame Taupin entra au service d'un commis au ministère de l'intérieur, et tout continua à être pour le mieux *dans le meilleur des mondes possibles.*

Maintenant que le lecteur a fait connaissance avec madame Taupin, nous laisserons parler nos personnages, ayant toujours soin de ne rien changer à leur élocution.

Victoire, impatiente d'entendre l'histoire de madame Taupin, ne tarda pas à rentrer dans la cuisine, et le cordon bleu commença ainsi le récit de sa nouvelle mésaventure.

— Tu sais, mon enfant, que mes maîtres étaient à la campagne depuis quelques jours, ce qui fait que Belle-pointe venait me voir un peu plus souvent qu'à l'ordinaire. Comme y n'devaient revenir que la s'maine prochaine, nous n'nous gênions pas du tout, avec ça, qu'Belle-pointe avait obtenu une permission de huit jours, c'qui fait qui couchait à la maison pour éviter la dépense. Hier, nous r'venions du Grand-Salon, ousque nous avions passé un moment agréablement.

— Écoute, que m'dit Belle-pointe en arrivant à la maison, nous avons ben tort d'nous gêner, puisque nous sommes les maîtes ; par ainsi, au lieu d'coucher au colombier, m'est avis qu'nous dormirions mieux dans c'lit à bateau ousqu'y a des roulettes à équires.

Dame ! Victoire, tu sens ben par toi-même, mon enfant, que quand on aime un quelqu'un, il est ben difficile d'lui refuser quéqu'chose ; et puis avec ça que Belle-pointe était un peu dans l'train.... C'est pas qui soit méchant; mais quand il a un verre de vin, y n'connaît rien; et puis ç' n'faisait pas d'tort à personne, ben au contraire, car n'y a rien qui gâte des matelas comme de n'pas coucher d'sus. Y fut donc décidé qu'nous coucherions dans le lit de Monsieur.... C'est un fameux lit tout d' même que l'lit de Monsieur!...

Y avait déjà pus d'une heure que nous étions endormis, quand j'fus réveillée par la sonnette d'l'appartement; n'me doutant de c'que c'est, j'me lève, j'passe la capote d'Belle-pointe, et j'demande qu'est-ce qu'est là.

— Eh! parbleu, c'est nous, madame Taupin, il paraît que vous êtes endormie.

— Juge, mon enfant, dans quel état je me suis trouvée en r'connaissant la voix d'monsieur !

— Ouvrez-donc, madame Taupin.

— Tout-à-l'heure, Monsieur.

— Comment tout-à-l'heure ! je vous ordonne d'ouvrir sur-le-champ.

Pendant qu'y parlait, j'courais au lit pour réveiller Belle-pointe ; mais j'avais beau lui tirer la barbe et les oreilles, y n' bougeait pas pus qu'une maison.

— Ouvrirez-vous bientôt, criait monsieur... derlin... derlin... derlin... pan ! pan ! pan !.. Au troisième pan, Belle-pointe commença à ouvrir les yeux ; mais y n'était pus temps ; monsieur avait brisé la serrure, et il était déjà dans l'antichambre. Belle-pointe, commençant à d'viner c' qui s' passait, étendit les bras pour saisir sa capote ; mais comme je l'avais endossée, il s'empara du witchoura de madame, et il tira son sabre, c' qui fit une si belle peur à monsieur, qu'il s'cacha sous l'piano tandis que Belle-pointe descendait l'escalier comme s'il avait eu une légion d' diables à ses trousses. Quant à madame, ses vapeurs lui avaient pris rien qu'à la

4

vue de la capote qui m'servait de robe de chamber·

Cependant l'factionnaire d'la trésorerie, voyant un sapeur en witchoura et le sabre à la main, lui cria : *qui vive !* et Belle-pointe ne répondant point, l'garde national appela aux armes, c'qui fit qu' mon objet fut arrêté et mis au violon.

Pendant c' temps-là, Monsieur qui était sorti de d' sous l'piano, visitait la chambre à coucher ousque je m'occupais à prendre une mise décente ; mais ça n'me servit pas à grand'chose; car j'fus obligée d'faire mon paquet z'en deux temps et d'déloger au plus vite. Monsieur, voyant que Belle-pointe n'était plus là, était d'venu tapageur tout d'un coup, et y n'parlait que de me faire sauter par la fenêtre.

Tu penses ben, mon enfant, que c'est pas la perte d'ma place qui me fait quéque chose ; mais c'est que c't'aventure a fait du bruit dans l'cartier ; les mauvatses lan-

gues ont fait des cancans , et comme dit
c't' autre, un coup d' langue est pis qu'un
coup d' lance ! c' qui fait que j' suis sur l'
pot en attendant qui s' présente quéqu'
chose.

— Ah ! mon Dieu ! mon Dieu ! s'écria
Victoire, faut conv'nir qu' vous avez du
guignon tout d' même... et ça parc' qu'on
a un cœur semsible !.... ah ! les maîtres !
les maîtres ! êtes-vous chiens !

CHAPITRE V

Le dîner et les bijoux. — Un duo. — La métempsychose.

Quéqu' t'as donc pour ton dîner? mon enfant, dit madame Taupin lorsqu'elle eut fini son récit.

— Ah! dame! ben des choses; j'dis que c'te fois y z'on fait une fière dépense. Y a d'quoi faire pleurer madame pendant le reste d' l'année.

—V'là comme y sont dans ces p'tites maisons! comme dit c't autr' : *Y n'y a rien d' tel qu'un vilain quand y s'y met.*

—Ah! ça c'est vrai : l' morceau d' bœur

pour relevé d' potage; une entrée d' volaille, une de veau et une de poisson, deux rôts et six entremêts.

Quéqu' tu leux fais pour entremets?

— N' m'en parlez pas, ma chère dame Taupin, ces p'tits bourgeois, ça n'a pas plus d' goût qu' mon talon : j' voulais profiter d' l'occasion pour faire quéques crêmes, quéque soufflé, parce que c'est d' ces choses sur quoi qu'on se r'tire un p'tit brin.

—Eh ben! est-ce qu'y n'aiment pas ça?

— J' crois plutôt qu'y n' savent pas c' que c'est.

—Ah! ah! ah! qu' c'est donc simple, ces p'tites gens!

— Madame a dit qu'all' voulait des petits pois, des épinards, des asperges, des artichauts, des pommes de terre et des z'aricots.

— Ah! j' les connais ben là, avec leux z'aricots.

—C'est pas que c'est une bonne légume tout d' même ; mais c'est si commun! on

4·

n' voit qu' ça dans les marmites... t'nez, madame Taupin, faites-moi l'amitié de m' dresser sur un grand plat, ces perdrix aux choux, pendant que j' vas leux servir l' bœuf?

—Pardié! mon enfant, j' te f'rai l'amitié de te dresser tout c' que tu voudras, tu sais ben qu'pour c' qui est du décor, c'est une partie que j' connais à fond... Dis donc, mon enfant, tâche donc d'leux desservir quéque bouteilles à moitié... y fait z'une fière chaleur ici.

— Quiens! à qui donc qu' vous contez ça, mère Taupin... C'est pas moi qui oublie ces choses-là... Est-ce que j'ai pas été à la cave à c' matin?.. tandis qu' madame comptait l' tas, crac, deux bouteilles d' plus dans le panier, et all' n'était encore qu'à moitié de l'escalier qu' mes bouteilles étaient déjà dans la fontaine.. Oh! c'est que j' vois pus loin que mon nez, au moins!..

—Ma foi, Victoire, t'as ben fait, y méritent ça... faut y être méfiant!... aller à la cave avec une cuisinière!..

—Oh! j'leux rends joliment la monnaie d'leux pièce, allez! t'nez, quand j'suis en- trée ici, madame avait toujours la manie d'être sur mon dos: quéque vous faites, donc, Victoire?... Quoi qu'y a dans c'te *castrole?* — Rien madame. Et tout en disant ça, paf! une tache de graisse sur le châle, un peu d'friture sur la robe.—Que vous êtes donc maladroite, Victoire.—Dame, c'est pas ma faute à moi, quand on veut apprendre, il en coûte. Si ben qu'à présent all' n'ose pus approcher des fourneaux. Pour monsieur, c'est différent; c'est un si bon homme!.. y vient quéque fois m'voir quand madame est sortie. Avant-hier en- core il est venu me faire des niches, et y m'a dit qu'si j'voulais être une bonne en- fant y me r'tirerait ma chaîne et mes bou- cles d'oreilles que j'ai été obligée de mettre en plan pendant qu'j'étais sur l'pavé, je vous dis ça à vous, mère Taupin, parce que vous êtes une brave femme, incapable de m'faire du tort... A présent, j'vas servir le dessert.

Ici, Victoire alla poser le dernier service sur la table de ses maîtres, puis elle revint promptement rejoindre madame Taupin, pour l'aider à faire disparaître les deux bouteilles dont il a été question plus haut.

Déjà la première était expédiée, et Victoire attaquait vivement la seconde, lorsque M. Duponceau, la serviette à la main entra dans la cuisine.

— Ah! ah! Victoire, il paraît que vous êtes furieusement altérée?

—Ma foi! Monsieur, c'est pas étonnant; j'voudrais ben vous y voir, vous, à la broche d'puis midi! et les fourneaux! tenez, demandez putôt à madame Taupin, all' avait si chaud, que c'est elle qui a été chercher une chopine chez l'marchand d'vin d'en face... Finissez donc, Monsieur, vous avez toujours les mains partout!..

—Écoute, friponne, tu sais bien que je t'ai promis quelque chose?

—Oh! on n'oublie pas ça.

—Eh bien! mon enfant, je te l'ai tenu.

— Vous l'avez t'nu?

— Et ce n'est pas sans peine, je te l'assure : tiens, voici d'abord la chaîne, devine comment j'ai pu la retirer!... ah! si tu le savais, je suis sûr que tu aurais bien de la reconnaissance...

— Dame! je n'sais pas c' que vous avez fait, moi.

—Écoute, je te confie ça à toi, parce que tu es une bonne fille, et que tu ne seras pas ingrate... Tu sais bien, les bracelets de madame Duponceau? eh bien, mon enfant, je les mis au Mont-de-Piété pour retirer tes bijoux.

—Ah! monsieur, comme vous êtes bon! Ousqu'est les boucles d'oreilles?...

— Je les ai aussi les boucles d'oreilles ; mais tu ne les auras qu'après m'avoir embrassé..

— Si n' faut qu' ça pour vous faire plaisir...

— A peine Victoire avait-elle achevé de payer la dette... de la reconnaissance, que madame Duponceau entra.

MADAME DUPONCEAU

Eh bien ! Monsieur, en finirons-nous aujourd'hui?... Vous savez pourtant que j'ai fait prendre un coupon pour Feydeau..

Mon Dieu ! Victoire, comme vous êtes parée ; je ne vous avais pas encore vu cette chaîne.

VICTOIRE.

C'est qu' vous avez mal r'gardé, Madame, c'est pas d'aujourd'hui que j' la porte ; demandez plutôt à madame Taupin.

MADAME DUPONCEAU.

A propos, me diriez-vous, Monsieur, ce que sont devenus mes bracelets ?... Je voulais les mettre ce soir... impossible de les trouver !

M. DUPONCEAU.

Vous savez bien, ma bonne amie, que je ne m'occupe jamais de vos bijoux.

MADAME DUPONCEAU.

Je le sais de reste, et vous êtes bien heureux d'avoir une femme comme moi... Bien d'autres...

VICTOIRE.

Ça c'est vrai, qu' monsieur est bien heureux, et y a pus d'un quelqu'un qui voudrait être à sa place, sans compter l' sous-chef...

MADAME DUPONCEAU.

Occupez-vous de ranger votre cuisine ; il vous appartient bien d'approuver ma conduite !...

M. DUPONCEAU.

Allons, ma bonne amie, ne vous emportez pas... il est temps de partir... je suis à vos ordres.

En achevant ces mots, M. Duponceau présenta galamment la main à sa chère moitié ; ils retournèrent dans la salle à manger, et tous les convives étant prêts, on se dirigea vers l'Opéra-Comique.

— Nous v'là donc débarrassés ! s'écria Victoire en fermant la porte. A présent, mère Taupin, j'espère que nous allons nous amuser un p'tit brin... et j' dis que nous ne l'avons pas volé !...

— Ah ! ça c'est vrai... j' crois qu'il en reste encore un verre... à ta santé, Victoire.

— J'ai envie d'aller chercher Françoise... c'te pauvre fille, all' doit ben s'ennuyer... sus l'derrière... all' n'est pas accoutumée à ça, et au second encore ! ensuite nous aurons la bonne d' l'apothicaire du rez-de-chaussée, et l' cocher du premier qu'est son amoureux, et pis M. Benoît qu'est un farceur... y f'ra les crêpes lui !...

En un instant tous les convives furent rassemblés, et tandis que Benoist s'occupait à faire les crêpes, Victoire causait avec sa cousine.

— Ah ! mon Dieu ! disait la jolie fille de la mère Montant, que c'est donc pénible d'être en condition !... je ne m'y ferai jamais !...

— Écoute donc, Françoise, faut être raisonnable... on sait ben qu' t'as été ben éduquée, et qu' tu parles lisiblement ; mais tout ça n'est pas un état ; dis-moi, voyons, qu'est-ce qu'était ta mère ?

— Pardié ! tu le sais bien ; elle était cuisinière.

— Tu vois donc ben... Qu'est-ce qu'est not' tante Marguerite ?

— Je sais bien qu'elle était cuisinière ; mais je ne sais pas ce qu'elle est à présent, puisqu'on n'a pas eu de ses nouvelles depuis quatre ans.

— Eh ben ! voyons, qu'est-ce qu'était ton père ?

— Mon père ! ma foi... mon père...

— Ni moi non plus ; ainsi tu vois donc ben qui faut toujours un état.

En ce moment une jeune Champenoise, depuis quelques jours au service d'une douairière, logée au troisième, entra pour allumer sa chandelle.

BENOIST.

Dites donc, la bourguignotte, apportez-vous quéqu' chose ?... c'est qu' si vous aviez apporté quéqu' chose, vous en auriez été, voyez-vous.

VICTOIRE.

C'est égal, c'te jeunesse, all' en s'ra tout d' même.

BENOIST.

Ça pass'ra pour aujourd'hui, entendez-vous, la bourguignotte ; mais une autre fois faut apporter quéqu' chose. Pour vot' peine, mettez le couvert.

VICTOIRE.

Ah ! est-y drôle, est-y drôle ! y f'rait rire des pierres.

BENOIST.

Comment des pierres !... et des Paul aussi... Entendez-vous l' calembourg?... Il est fameux !

VICTOIRE.

Dites donc, monsieur Benoist, comment trouvez-vous ma cousine Françoise?

BENOIST.

Vot' cousine Françoise, elle est belle... comme Cybèle !

FRANÇOISE.

Cybèle !... C'est la femme d'un Dieu, ça ?

BENOIST.

Et non, c'est encore un calembourg ?... J' vous avais ben dit que j'en apporterais, et des bons !

Ici la Champenoise qui avait placé la table au milieu de la cuisine, interrompit Benoist, en s'écriant :

— *Ousqu'as l's'assiettes ?* A ces mots toute la société partit d'un éclat de rire.

— Ah! mon Dieu, mon Dieu !... comme c'est ça ! s'écriait Benoist, comme c'est ça !... Et tandis qu'il se tournait du côté de la Champenoise, la poêle qu'il tenait se renversa, et la pâte dont elle était garnie couvrit les tisons.

VICTOIRE.

Comment donc qu'all' dit ça ?

LA CHAMPENOISE.

Pardine, j' demandons *ousqu'as l's'assiettes ?*

Ah! ah! ah! est-elle drôle! s'écrièrent de nouveau tous nos personnages.

— Écoute, mon enfant, reprit Victoire, ça n'est pas votre faute, on voit bien qu' vous sortez d' vot' village... on dit *ousqu'est l's'assiettes ?*

LA CHAMPENOISE.

Ousqu'est l's'assiettes?

VICTOIRE.

Voyez qué différence qu' ça fait tout de suite... all' se formera c'te jeunesse.

Enfin l'on se mit à table où Benoist continua de faire les délices des convives avec ses calembourgs, puis afin de varier les plaisirs, la bonne de l'apothicaire l'invita à chanter.

—Je l' veux ben, répondit-il, mais c'est à condition qu' Victoire m'accompagn'ra ; si all' veut nous chanterons la romance du *Pied d' mouton*, c'est d'un fameux goût ça !

— Oh ! mon dieu ! non, répondit Victoire, l'air est trop commune, je n' veux pas chanter des airs communes comme ça.

—En c'cas-là, reprit Benoist, nous chanterons c'te romance en *douo* qu' jai faite pour vous, vous savez ; *Si j'étais t'hirondelle.*

En cet instant la porte de la cuisine

s'ouvrit avec violence, madame Vernon entra, et s'adressant à Françoise.

— Malheureuse! lui dit-elle, qu'avez-vous fait de Fanfan?

— Pardié, Madame, vous le savez bien, j'ai été le promener dans le jardin du Palais-Royal ; vous devez vous en souvenir puisque c'est vous qui m'avez conduite, et puis ensuite je l'ai ramené à la maison, et je l'ai couché.

— Misérable! vous avez changé mon fils! c'est une fille qui est couchée à sa place.

MADAME TAUPIN.

Quiens! la drôle de chose! c'est comme qui dirait une *métaphose*.

BENOIST.

Ah! ah! comment donc que vous appelez ça... vous voulez dire que ça ressemble au changement de *ma tante Sicôse*... c'est joliment drôle tout d'même ces choses-là... y paraît qu' du temps antique on était accoutumé à ça ; dans c' temps-là, on vous changeait une femme en pie, ou un homme en dindon, sans qu'on s'en aperçoive. J'ai lu dans un livre...

FRANÇOISE.

Dame ! si je vous ai apporté une fille c'est que vous ne m'avez pas donné un garçon.

MADAME TAUPIN.

All' a raison c'te jeunesse ; all' les rend comme all' les prend... c'est pas elle qui les fait... all' n'est pas obligée d' s'y connaître.

MADAME VERNON.

Quand je vous dis que Fanfan est changé !

VICTOIRE.

Quiens ! c'est pas étonnant, s'il est malade, c't enfant.

Madame Vernon impatientée des réflexions des convives, ordonna à Françoise de la suivre, afin qu'elle s'expliquât clairement.

— Comme je vous disais, reprit Benoist

lorsque Françoise et sa maîtresse furent sorties, comme je vous disais, j'ai lu un livre ousqu'il y avait des choses fièrement drôles : c'est les histoires de *ma tante Sicôse*... quand je dis des histoires, ça pourrait ben être des contes ; mais tout d' même, c'est amusant. J' vas vous en conter un.

Ici, il se fit un grand silence, et Benoist s'étant levé de table commença son récit de la manière suivante.

— Y avait une fois un homme qui s'appelait *Apalon* ; y paraît qu' c'était un fameux malin, car il avait mis le soleil sur une charrette ; vous pensez ben que c'te charrette était dans l'ciel, ousqu'all' allait ventre·à terre avec quatr'chevaux... Ça devait êtr' un joli coup d'œil tout d' même !... Pour en revenir à M. *Apalon*, faut vous dire que c'était z'un coco qui n' se mouchait pas du pied, et la preuve de ça, c'est qu'après avoir été de Paris à Pékin pendant le jour, il allait encore faire l'amour pendant la nuit, et y cherchait à subtiliser des jeunesses innocentes... Ça j' conviens que c'est pas bien. Quoique ça y paraît qu'il avait tout d' même des sentiments, comme vous allez voir.

Un jour qu'*Apalon* menait sa voiture bon train, y rencontra un grand blondin qui lui dit comm'ça : Papa, me r'connais-tu !

— Ma foi non, dit z'*Apalon*, je ne te r'connais pas ; car je n' tai jamais vu, c' qui fait que je n' te trouve pas changé.

— Eh ben, qui dit l' grand blondin, vous avez beau faire et beau dire j' suis votr' garçon-et vous êtes mon père, et pour preuve de ça, c'est que j' vas conduire votr' voiture, si vous voulez ben l' permettr'.

— Pardine, qui dit z'*Apalon*, c'est pas de r'fus, ça fait qu' j'aurai pas d' cocher à payer.

Là dessus, v'là l' grand blondin qui monte sur l' siége. Il était content comme un dieu, c' qui fait qu'y s' mit à courir comme si le

diable l'emportait. Mais à force d' courir,
v'là les cheveaux qui prennent l' mords aux
dents, la voiture verse dans un fossé, et
l' soleil met l' feu dans l' Paradis.

L' bon dieu de c' temps-là, qui s'appelait
Jousfiter, voyant tout c' qui s' passait. —
Comment, qui dit, c' cadet-là z'a l' toupet
de mett' l' feu dans mon appartement ! Là
d'sus, y n' fait ni une ni deux, y prend le
tonnerre à deux mains, et *poudroie* l' grand
blondin pour lui apprendre à vivre et à
crier gare, avant d' faire la culbute...

En cet endroit du récit de Benoist, la
porte de la cuisine s'ouvrit de nouveau, et
tous les convives étonnés s'écrièrent : C'est
ses maîtres !

En effet c'était M. et madame Duponceau
qui revenaient du spectacle beaucoup plus
tôt que Victoire ne les attendait, et qui
restèrent quelques instants muets d'étonnement, à la vue de ce qui se passait dans
leur cuisine. Heureusement Victoire avait

plus d'une corde à son arc : les moyens de défense ne lui manquaient pas, et tandis que les convives délogeaient au plus vite, elle improvisait un plaidoyer dont l'effet était certain.

— Madame, dit-elle, n' faut pas croire qu' nous avons fait du mal pendant vot' absence ; j' vas vous dire c' qu'il en est tout d' suite. Y a déjà quéque temps que l' garçon boulanger, M. Benoist, avait invité la bonne du second, à manger des crêpes ; M. Baptiste, l' cocher du premier, ayant su ça voulut être de la fête : et y proposa d' payer l' vin, mais comme la bonne du s'cond est une honnête fille, an' voulut pas aller cheux l' traiteur, c'est pour ça qu' nous avons fait le r'pas ici.

MADAME DUPONCEAU.

Taisez-vous, Rébecca, vous menez une conduite indigne.

VICTOIRE.

Vous avez tort, Madame ; faut pas se fier

aux apparences ; tout c' qui r'luit n'est pas
or : c'est comme si l'on disait parc' que l'
sous-chef....

MADAME DUPONCEAU.

Vous êtes une impertinente, et si cela
vous arrive encore....

M. DUPONCEAU.

C'est vrai, c'est vrai, Victoire, vous avez
tort, vous avez bien tort, vous avez le plus
grand tort....

VICTOIRE.

Mon Dieu ! Monsieur, faut pas vous em-
porter comme ça, vous avez des bontés
pour moi, c'est vrai ; mais pour ce qui est
d' mes r'connaissances....

Ici, M. Duponceau devint rouge comme
une cerise, et tandis que Victoire parlait, il
frappait de toutes ses forces le plancher
avec sa canne.

— N'en parlons plus, n'en parlons plus,
s'écria-t-il ; mais une autre fois, que ça
n'arrive pas.

De son côté, madame Duponceau était furieuse, elle eût donné bien des choses pour avoir la petite satisfaction d'arracher les yeux à sa cuisinière; mais le sous-chef était un bouclier avec lequel Victoire pouvait braver la colère de sa maîtresse, ce qui fit que les époux se retirèrent, et que les choses en restèrent là.

CHAPITRE VI.

Le Palais-Royal. — Elle n'aime pas les friandises.
— Les Petites Affiches.

Françoise, présentée à M. Vernon de
la part de madame Duponceau, avait été
accueillie sur-le-champ, et dès le même jour
elle était entrée en fonctions.

M. Vernon avait un fils âgé de deux ans,
qui ressemblait beaucoup au maître de danse
de madame. Quelques méchantes langues
du quartier avaient fait cette remarque, et
de mauvais plaisants ajoutèrent que M. Vernon devait le bonheur d'être père, au goût

que son épouse avait pour la danse. Quoi qu'il en soit, M. Vernon avait pour Fanfan toute la tendresse d'un père; il croyait à la fidélité, à la vertu de sa femme, et en cela il avait raison, puisqu'il était heureux. Ce serait bien ici le cas de placer une dissertation morale, touchant les vertus conjugales; cela donnerait une couleur édifiante à notre livre, et mettrait nos cuisinières en bonne odeur, ce qui ne gâterait rien; mais nos héroïnes sont tellement impatientes de devenir célèbres, qu'elles ne nous laissent pas le temps de moraliser; Françoise, sans contredit, la plus érudite des cuisinières de Paris, assure qu'il faut laisser parler les faits, et que ces réflexions ne sont que de la moutarde après dîner. Françoise est jolie, donc elle a raison; il n'y a pas de réplique à cela.

Il y avait à peine quelques heures que Françoise était au service de M. Vernon, lorsqu'on lui donna l'ordre d'aller promener M. Fanfan, personnage fort important, qui venait d'atteindre sa deuxième année. Mais comme notre héroïne ne connaissait pas Paris, madame Vernon la conduisit elle-même dans le jardin du Palais-Royal, en lui recommandant de revenir à la fin du jour.

C'est un lieu bien curieux que le Palais-Royal, pour une provinciale! Françoise regarde avec étonnement tout ce qui s'offre à ses regards, et elle regrette beaucoup de n'avoir auprès d'elle personne qui puisse lui expliquer les choses qui lui paraissent extraordinaires. Cependant elle a remarqué qu'un grand nombre de bonnes promènent leurs enfants à quelque distance de l'endroit où elle s'est arrêtée, et elle se dirige vers un groupe de ces promeneuses, dans l'espérance de faire connaissance avec quelques-unes, et de lier conversation ; il est si agréable de parler, quand on parle comme Françoise, surtout!... Déjà elle est

arrivée près de la Rotonde; là, une douzaine
d'enfants dansent en rond, tandis que leurs
bonnes se promènent de long en large, ét
passent vingt fois devant le café dans l'es-
poir de se faire remarquer des élégants
garçons dont elles briguent les hommages.
A peine Françoise a-t-elle paru que tous
les regards des promeneuses se dirigent sur
elle.

— All' n'est pas mal, dit l'une, c'est
dommage qu'all' ait l'air si simpe !

— Laissez donc, répond une autre, ça
fait comme ça la sainte *n'y touche*, pour
s' faire r'garder ; on connaît ces couleurs-
là….J' suis ben sûre qu' y a longtemps….

— Quiens ! pardié, reprend une autre,
c'est ceux-là qui sont les pus pire…. On a
ben raison d' dire qu'i n'y a rien d' si traitr'
que l'eau qui dort.

Cependant Françoise s'est assise sur un
banc, tout près du café, et bientôt une
jeune bonne vient se placer près d'elle.

— Comme il est gentil, vot' enfant, dit celle-ci, c'est-y un garçon?

— Dame! je n'en sais rien, répond Françoise; je ne l'ai que d'aujourd'hui.

— Quiens! qu'all' est drôle? Faut pas tant de temps pour ça. Y paraît qu' vous n' faites que d'arriver à Paris?

— Mon Dieu! oui; je n'y suis que d'aujourd'hui.

— Oh! vous avez pas besoin d' me l' dire, j'vois ça tout d' suite; ça s' connaît rien qu'à vot' accent.

— J'ai pourtant pris de fameuses leçons avant d'y venir!...

— Oh! c'est égal, gn'y a rien d' tel qu'un Paris pour former une jeunesse... vous verrez quand y aura quéque temps qu' vous servirez, comme moi.

— I! y a longtemps que vous êtes à Paris?

— Bentôt trois ans, rien qu' ça, et j'

peux dire qu' j'en ai joliment appris !...
Et vos maîtres, sont-y tracassiers ?

— Je ne sais pas encore ; et les vôtres ?

— Oh ! moi, c'est différent ; c'est que,
voyez vous, j'ai pas un caractère endurant,
je n' peux pas souffrir qu'une maîtresse
m' mécanise sur z'un oui ou sur z'un non,
voilà pourquoi que je ne veux pas servir
dans les ménages.

— Pourtant, il paraît que vous y ser-
vez, puisque vous promenez un enfant
plus âgé que le mien.

— Au contraire, v'là c'qui vous trompe ;
c'est que j' suis cheu z'un veuf, ousque j'
fais c' qui m' convient.... V'là comme j'
suis, moi, j'aime à faire c' qui m'convient.

— C'est donc un bon enfant ?

— J' crois bien ! Y m'a promis qu'y n'
se r'marierait pas tant que j's'rais à son
service ; sans ça, je l'aurais bientôt r'lâché
d'un cran.

La conversation en était là, lorsqu'un élégant en tablier, la serviette sous le bras, chaussé en danseur, vint s'asseoir près des causeuses.

LE GARÇON.

Il fait joliment chaud aujourd'hui, Mademoiselle.

FRANÇOISE.

Dame! c'est la saison.

LE GARÇON.

Est-ce que vous venez souvent vous promener ici ?

FRANÇOISE.

Je ne peux pas y être venue bien souvent, puisque je suis à Paris d'aujourd'hui.

LE GARÇON.

C'est donc ça aussi qu'il me semblait que je ne vous avais jamais vue. Voulez-vous accepter un morceau de sucre?

FRANÇOISE.

Merci, Monsieur, je n'aime pas les friandises.

LE GARÇON.

Ah! c'est que vous n'êtes pas encore accoutumée aux usages.... Il y a de ces choses qui se prennent sans difficulté... Il paraît que vous n'avez pas encore une connaissance ?

FRANÇOISE.

Oh! pardonnez-moi, j'ai d'abord ma cousine Victoire, avec qui j'ai été élevée.

LE GARÇON.

Quand je dis une connaissance, je veux parler d'un jeune homme comme qui dirait moi, si je vous disais : Mademoiselle, vous êtes bien aimable, certainement... vous avez de beaux yeux châtains... ce qui fait que si je ne vous déplais pas, je vous ferai voir... *Voilà! voilà!...* que le diable emporte la sonnette... au milieu d'une déclaration.

En prononçant ces derniers mots, le garçon était rentré dans le café, avec la légèreté d'un cerf; et Françoise en fut d'autant plus fâchée, qu'elle ignorait ce que le galant voulait lui faire voir. Espérant que la jeune bonne avec laquelle elle avait d'abord lié conversation, pourrait lui en dire quelque chose, elle renoua l'entretien que le limonadier avait interrompu.

— Ah! mon Dieu! comme ils sont polis ces jeunes gens de Paris! ils vous font des compliments à la première vue, ni plus ni moins que si on était leur inclination.

— Pardié! ils savent ben à qui y s'adressent, répondit la servante–maîtresse, un peu piquée de la préférence du garçon; c'est pas à moi qu'y viendraient s' frotter les marchands d'eau chaude!... y savent ben qu'y trouveraient leur paquet tout d' suite : dame! c'est que j' vous les r'lève!...

— Ma foi, je ne sais pas trop ce qu'il voulait me dire; il parlait de me faire voir....

— Pour ça, y n' vous ment pas, et vous pouvez compter qu' si vous mordez à l'hameçon, y vous en f'ra voir des dures.

— Il n'a pourtant pas l'air méchant.

— Pardié! y sont tous comme ça; y font les doucereux pour vous subtiliser; et pis quand y vous ont mis dans l'embarras, y vous tirent leux révérences. Écoutez donc, c'est pas pour vous en dégoûter, vous en f'rez ce que vous voudrez; mais vous sentez ben qu'un quelqu'un qui est à Paris d'puis trois ans, doit connaître les choses à fond ; v'là pourquoi que j'vous engage pas à vous laisser fréquenter par l' premier v'nu. Tout c' que j'en dis, c'est pour vot' bien.

Cependant le jour commençait à disparaître, et à la vue des quinquets qui brillent dans le café près duquel Françoise s'est arrêtée, elle songe à l'ordre que lui a donné madame Vernon, de revenir avant la nuit; elle appelle Fanfan !... Fanfan !... et Fanfan ne répond pas.

— Tenez, lui dit la bonne avec laquelle

elle avait causé, il est là-bas près du gazon
y joue avec ma p'tite fille.

Françoise n'en entend pas davantage
car il commence à faire sombre, et ell
craint de ne retrouver son chemin que trè
difficilement. Elle court à l'endroit indiqué,
prend un enfant dans ses bras, et quitt
précipitamment le Palais-Royal. L'enfan
s'endort pendant le trajet, et arrivée che
M. Vernon, Françoise se hâte de couche
le prétendu Fanfan, qui, comme on l'a
sans doute deviné, n'était autre que l
petite fille confiée aux soins de la bon..
avec laquelle elle s'était entretenue.

Les choses en étaient là, lorsque Victoire était venue chercher sa cousine pou
assister au souper dont il a été question plu
haut ; mais M. Vernon étant rentré un peu
plus tôt que de coutume, avait voulu s'assurer si la nouvelle bonne avait eu bie
soin de son fils. Qu'on juge de la stupé-
faction du receveur de rentes, en recon-

naissant que sa postérité était tombée en quenouille !

— Vous voyez bien, s'écria madame Vernon, en poussant Françoise vers le berceau, vous voyez bien que c'est une fille.

FRANÇOISE.

Comment voulez-vous que je voie ça, moi !

M. VERNON.

Par exemple ! elle est d'une bonne pâte, avec son air novice !... Est-ce qu'il faut vous mettre le nez dessus ?

MADAME VERNON.

C'est votre faute aussi, monsieur Vernon ; il vous faut des jeunes filles à votre service ! Des idiotes qui ne se doutent seulement pas de la différence qu'il y a entre les deux genres.

FRANÇOISE.

Ah ! pour ça, Madame, je vous demande pardon, il y a longtemps que je sais cela,

6

c'est **M.** Gribois qui me l'a appris, et je peux bien dire qu'il m'en a montré long !

MADAME VERNON.

Taisez-vous, sotte ; et dites-moi où nous pourrons retrouver Fanfan.

FRANÇOISE.

Dame ! s'il est perdu, peut-être que vous le retrouverez dans les Petites Affiches, puis qu'on y met tous les objets trouvés.

MADAME VERNON.

En ce cas, on n'y trouvera pas votre esprit.

M. VERNON.

Elle a raison, ma bonne amie, il faut le faire mettre dans les Petites Affiches.

MADAME VERNON.

Ah !. mon Dieu ! qu'on est malheureux d'être obligé de se faire servir ! La pécore !... Je lui arrache les yeux si Fanfan ne se retrouve pas !

C'est une institution admirable que celle des Petites Affiches. De son côté, le père le la petite fille avait pris cette voie pour trouver son enfant, de sorte que dès le lendemain, les parents cessèrent d'être dans la consternation où les avait plongés cette métamorphose.

Toutefois, le maître veuf fit quelques reproches à sa bonne; mais celle-ci n'en parut nullement affectée.

— Pardié! lui répondit-elle, y se r'trouvera c't enfant; c'est y parce que y vous ressemble qu', vous avez peur qu'on vous l'enlève?

— Mademoiselle Reine, vous êtes une insolente!

— Dame! v'là comme j'suis, moi!...j' dis c' que j'pense... franche comme *l'ombe !...*

CHAPITRE VII.

Joyeux projets.

Nous avons vu comment Victoire était sortie triomphante de la lutte qu'elle avait eue à soutenir contre monsieur et madame Duponceau ; pour cela il lui avait suffi de deux mots jetés plus ou moins habilement à la fin d'une phrase. C'est qu'elle avait les secrets de Monsieur et ceux de Madame, et qu'elle tenait, sur chacun d'eux, une épée de Damoclès sans cesse suspendue. Pour Monsieur, c'était le caprice qui lui faisait aspirer à la possession de la rusée cuisinière ; pour Madame c'était le tendre penchant qu'elle avait pour le sous-chef de bureau de son mari penchant qu'elle avait eu le tort de manifester souvent de la manière la plus expressive devant l'adroite Victoire. A l'aide de ce double talisman, cette dernière était maîtresse de la situation ; elle avait la conscience de cette supériorité, et elle en usait sans pitié ni merci. Mais il est des bornes à tout, et Victoire ne devait pas tarder à reconnaître qu'il est toujours dangereux de casser les vitres.

C'était un dimanche matin ; madame Duponceau s'était réveillée de bonne humeur, ce qui était peu ordinaire ; elle avait l'œil vif, le teint animé.

Ah çà ! Monsieur, dit-elle à M. Duponceau, j'espère que vous n'allez pas ou-oublier que nous allons dîner à Montmartre.

— Ma bonne amie, je me le rappelle parfaitement.

— C'est fort bien ; mais comme je ne veux point passer la journée à la campagne, vous aurez la bonté de vous tenir prêt de bonne heure, afin qu'après dîner nous puissions aller au jardin du Delta, où il y a une fête extraordinaire ; ascension d'un magnifique éléphant, jeux de bagues, tir à l'oiseau, blaançoires russes, feu d'artifice brillant ; on assure que cela sera superbe.

— Vous savez bien, ma petite femme, que vos moindres volontés sont des ordres pour moi.

— Ça tombe joliment, se dit Françoise ; justement qu' Benoist a l' temps jusqu'à dix heures! I a longtemps qu' j'ai envie d' voir c' Tivoli qu'est si superbe, à c' qu'on dit ; si Benoist veut nous irons aujourd'hui; j' vas lui faire dire de v'nir ici à midi ; car y a pas d' doute qu' Monsieur et Madame s'ront partis avant.

Ainsi que l'avait prévu Victoire, Benoist se rendit à ses désirs; à midi précis il était à la cuisine, où il trouva l'objet de sa flamme faisant ses préparatifs pour le départ.

— Ecoutez donc, monsieur Benoist, si vous voulez, nous profiterons de l'occasion qui s' présente pour aller à Tivoli ; ça fait qu' Madame n'en saura rien ; car si all' le savait, all' f'rait un beau train !... Ces maîtr's y sont tous comme ça, y z'ont la manie d' vouloir, tandis qu'y s'amusent, qu'une pauvre bonne s'échine à tout ranger, frotter, raccommoder, comme si on n'était en maison qu' pour songer aux intérêts des maîtr's. Est-ce que Madame a pas eu la chose de m' défendre d' porter des chapeaux et des châles !.... C'est pas l'embarras, avec les gages qu'all' donne, y a pas d' quoi rouler voiture !...

— Heureusement, répondit Benoist, que vous avez pour vous l'anse du panier.

— Ah ! il est fameux l'anse du panier !.. Des gens qui r'gardent à tout, et qui donnent à dîner toutes les fois qu'y leux tombent une dent... T'nez, monsieur Benoist, y m'est v'nu une idée dans la tête. Vous savez qu' pour aller à Tivoli, faut avoir un costume dans l' genre : eh ben ! nous aurons tout c' qui nous faudra, sans qu' ça nous coûte un denier.

— Comment donc qu' vous arrangez ça ?

—. Quiens ! j'arrange ça de manière que tout l' monde s'ra content. J' vas mettr' la robe de mousseline brodée de Madame, son chapeau lilas, et son cachemire *Tournaux*...J' dis qu'on aura z'une tournure avec ça !

— C'est vrai, vous allez avoir l'air d'une duchesse !... Un cachemire Tarnaux ! Diable ! ça doit êtr' fièrement beau ça !... Avec quoi donc qu'on fait ces colifichets là ?...

— Ça s' fait avec des chèvres du Toupet ; c'est des animaux sauvages qui viennent d'Angleterre pour faire des châles turcs.

— En vérité ! c'est une belle chose que la mécanique, tout d' même !... mais, Victoire, vous n'y pensez pas ! est-ce que vous croyez que quand vous aurez une chose du Toupet sur les épaules j'oserai vous donner le bras avec mon habit marron ?

— Qu'il est bon! est-ce que vous n' voyez pas que j' veux vous mettr' sur l' même pied? Monsieur a un habit neuf qu'il a fait faire il y a quatre ans pour aller à la noce d' son neveu; c'est celui-là que j' vous destine, avec une chemise à jabot et une cravate d'organdi... J' dis qu'après une toilette comme ça, nous f'rons une jolie coupe!...

— On a ben raison d' dire qu'i n'y a rien d' tel qu'une femme pour la malice! c'est-y une fameuse invention ça!... Queu partie qu' j'allons faire!.. Un habit neuf, une chemise à jabot!... j' vas t'voir l'air d'un président!..

— Et moi, donc?

— Pardié! et vous tout d' même; vous aurez un air... et un fameux air!...

— Aussi, j'espère ben qu' vous m' f'rez danser la première contredanse?

— Sûr qu' vous la dans'rez... En avant,
l' costume... rien que d' penser à ça, je
m' sens léger comme un ziphir.

FIN DU PREMIER VOLUME.

LAGNY. — Imp. de VIALAT et Cie.

LAGNY. — Imprimerie de VIALAT et Cie.

www.ingramcontent.com/pod-product-compliance
Lightning Source LLC
Chambersburg PA
CBHW060618100426
42744CB00008B/1430